Peter Müller

Unterrichtsentwurf zur Einführung von Floorball / Unihockey

GRIN Verlag

Bibliografische Information der Deutschen Nationalbibliothek:

Die Deutsche Bibliothek verzeichnet diese Publikation in der Deutschen National-
bibliografie; detaillierte bibliografische Daten sind im Internet über http://dnb.d-
nb.de/ abrufbar.

Impressum:

Copyright © 2011 GRIN Verlag GmbH
Druck und Bindung: Books on Demand GmbH, Norderstedt Germany
ISBN: 978-3-656-34292-2

Dieses Buch bei GRIN:

http://www.grin.com/de/e-book/198497/unterrichtsentwurf-zur-einfuehrung-von-
floorball-unihockey

GRIN - Your knowledge has value

Der GRIN Verlag publiziert seit 1998 wissenschaftliche Arbeiten von Studenten, Hochschullehrern und anderen Akademikern als eBook und gedrucktes Buch. Die Verlagswebsite www.grin.com ist die ideale Plattform zur Veröffentlichung von Hausarbeiten, Abschlussarbeiten, wissenschaftlichen Aufsätzen, Dissertationen und Fachbüchern.

Besuchen Sie uns im Internet:

http://www.grin.com/

http://www.facebook.com/grincom

http://www.twitter.com/grin_com

Entwurf für eine Unterrichtsstunde im Fach Sport
- Einführung in Floorhockey -

Schule:

Klasse:

Datum / Zeit: 08.03.2011; 7. Stunde (13:35 – 14:20 Uhr)

Unterrichtssequenz: Floorhockey

Pädagogische Perspektiven

Die Körpererfahrung sowie die Verbesserung der Wahrnehmungsfähigkeit und das Erweitern der Bewegungserfahrung bilden den Schwerpunkt der Unterrichtsstunde. Ferner sind das Kooperieren, [...] und das Sich-Verständigen, nebst das Erfahren, Verstehen und Reflektieren des Leistens beim Sporttreiben Bestandteil dieser Unterrichtseinheit, wodurch die pädagogischen Perspektiven Körpererfahrung, Kooperation und Leistung ihre Legitimation finden.[1]

Kompetenzbereiche

SP: Mit Sprache, Wissen und Können situationsangemessen umgehen, insbesondere Bewegungserfahrungen weiterentwickeln, sportmotorische Fertigkeiten und Fähigkeiten sowie sportliches Können verbessern und sportartspezifische Fachsprache anwenden.[2]

Ferner: Selbstständig handeln: Informationen von Bewegungsvorbildern, Bildvorlagen, [...] und Bewegungsbeschreibungen in Bewegungshandeln umsetzen; Bewegungsabläufe beobachten und Fehlerkorrekturen durchführen.[3]

Abschlussstandards

---

[1] Vgl. RLP, SEK I, S. 10.
[2] Vgl. Ebda., S. 12.
[3] Vgl. Ebda., S. 11.

Die SuS...

> wenden spielspezifische Fertigkeiten im gemeinsamen Spiel an,
> verhalten sich in Wettkämpfen regelgerecht, fair und taktisch angemessen,
> zeigen eine altersgemäße Ausprägung der konditionellen und koordinativen Fähigkeiten. [4]

Themenfeldbezogene Standards „Spiele"; Anforderungen:

Die SuS…

> entwickeln Ballgefühl und wenden die Techniken der Ballführung (Vorhand / Rückhand, sowie Vorhand-Rückhand-Dribbling) im Gehen, in Links- und Rechtskurven und im Slalom an.[5]

Abschlussstandards der Stunde

Die SuS...

motorisch

> nN: ...setzen die wesentlichen Technikmerkmale / Bewegungsmerkmale bei der Ballführung (Vorhand) um und führen den Ball mit einer weiten, eher unkontrollierten Ballführung. Sie zeigen keine flüssige Gesamtbewegung beim Durchlaufen des Hindernisparcours.
> mN: ...setzen die wesentlichen Technikmerkmale der Ballführung (Vorhand / Rückhand) um und führen den Ball mit einer engeren, kontrollierteren Ballführung. Sie zeigen eine flüssigere Gesamtbewegung beim Durchlaufen des Hindernisparcours.
> hN: ...Technikmerkmale werden (fast) vollständig bei einer engen Ballführung (Vorhand / Rückhand) umgesetzt, der Ball kontrolliert und eng geführt, sowie der Hindernisparcours mit einer flüssigen Gesamtbewegung durchlaufen.

kognitiv

⇒ nN: …. kennen die wesentlichsten Technikmerkmale bei der Grundstellung und können mind. ein Kriterium bei der Ballführung (Vorhand / Rückhand) nennen.

---

[4] Vgl. RLP, SEK I, S. 13.
[5] Vgl. Ebda., S. 46.

⇒ mN: .... kennen die wesentlichsten Technikmerkmale bei der Grundstellung und sind zudem in der Lage, zwei bis drei relevante Kriterien bei der Ballführung (Vorhand / Rückhand) zu nennen.

⇒ hN: .... kennen alle Technikmerkmale der Grundstellung, können die wesentlichsten Kriterien bei der Ballführung (Vorhand / Rückhand) nennen, analysieren technische Ausführungen eines Mitschülers und geben ihm eine Bewegungsrückmeldung.

sozial-affektiv

⇒ nN/mN: ...verhalten sich untereinander unterstützend und rücksichtsvoll

⇒ hN: ...verhalten sich untereinander unterstützend und rücksichtsvoll und helfen Schwächeren ohne Aufforderung des Lehrenden.

Geplanter Unterrichtsverlauf:

Zeit	Phase / Inhalt	Absicht / Didaktischer Kommentar	Organisationsform	Material
1335 – 1337	**Begrüßung:** • Nennen des Stundenthemas • Vorstellung der Unterrichtsinhalte • *„Wer hat bereits Vorerfahrungen mit Floorhockey?"*	S erhalten Orientierung über den Stundenverlauf, Einstimmung, Transparenz der Lehr- und Lerninhalte	Theaterhalbkreis	
1338 – 1343	**Erarbeitung / kognitive Phase I:** • Erklärung Material • Demonstration: Grundstellung, Schlägerhaltung (Vorhand / Rückhand) an einem S oder L	Erarbeitung der wesentlichen Merkmale der Grundstellung und der Schlägerhaltung	Theaterhalbkreis	
1343 – 1348	**Erwärmung:** *„Täglich grüßt das Murmeltier"* Kommandos: 1. Grundstellung 2. Grundstellung + Laufen Vorhand 3. Grundstellung + Laufen Rückhand	Aktivierung des Herz-Kreislauf-Systems, Koordinationsschulung	Halle	Jeder Schüler 1 Schläger Musik
1348 – 1355 1355 – 1357	**Explorative Übungsphase:** Ballführung Hinweis auf: • Möglichst enge Ballführung • Feldbegrenzung • Kleiner werdendes Spielfeld	Induktives Ergründen des Vorhandführens / Rückhandführens, Bewegungsempfinden, Koordinationsschulung, Ballgefühl entwickeln S reflektieren über eigenes	Halle Ausmaße des Spielfeldes sukzessiv reduzieren	Pylonen Jeder Schüler 1 Schläger und 1 Ball

Zeit		Bewegungsempfinden / -erfahrung		
1357 – 1401	**Reflexion der gemachten Bewegungserfahrungen:** S reflektieren sicherste, engste Ballführungstechnik		Haufen	
	Erarbeitung / kognitive Phase II: Lehrerdemonstration des Vorhandführens / Rückhandführens	Visuelle Veranschaulichung Erarbeitung der wesentlichen Merkmale des Vorhandführens / Rückhandführens	Theaterhalbkreis	evtl. Plakat
1401 – 1418	• Hinweis auf MSG = Bewegungskorrektoren bei der nachfolgenden Übung			
	Übungsphase / Anwendungsphase: 1. Hindernisparcours Eine Hallenhälfte = 1 Parcours, insg. 2 (mit Bewegungsaufgabe im Start-Ziel-Bereich)	Umsetzung der gewonnenen Informationen, Ausprobieren und Erlernen der Techniken der Ballführung	Hindernisparcours 2 Hallenhälften	Pylonen Jeder Schüler 1 Schläger und 1 Ball
1418	MSG beobachten ihre Mitschüler und geben Beobachtungshinweise 2. Staffelspiel (Vorhand – Rückhand) 4 Riegen à je 6 Schüler (**Puffer**) **Abschluss:** Gesamtreflexion Ausblick auf kommende Stunden Abbau der Materialien	Würdigung der Leistung Transparenz der Lehr- und Lernprozesse	Haufen	

Station 1: Durch Hindernisse passen

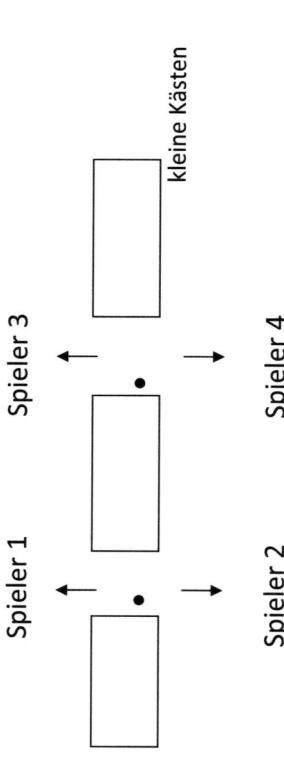

Spieler 1   Spieler 3

kleine Kästen

Spieler 2   Spieler 4

Aufgabe: Der Ball soll zwischen den Kästen zum Mitspieler gepasst werden.

Station 2: Reifen passen

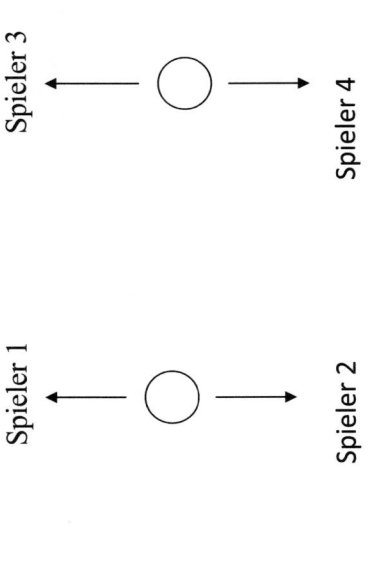

Spieler 1   Spieler 3

Spieler 2   Spieler 4

Aufgabe: Der Reifen soll zum Mitspieler gepasst werden.

<u>Station 3: Gassen-Passen</u>

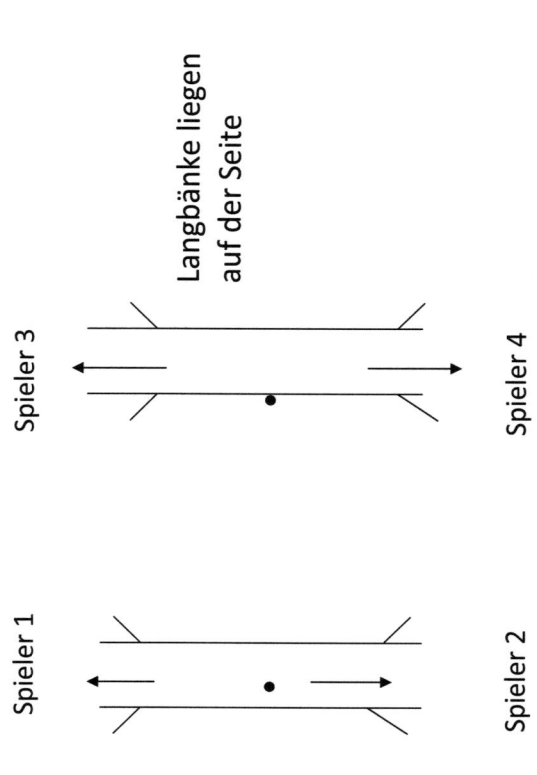

Spieler 1

Spieler 3

Langbänke liegen
auf der Seite

Spieler 2

Spieler 4

Aufgabe: Zwischen den Bänken soll der Ball zum Mitspieler gepasst werden.

Station 4: Auf der Langbank passen

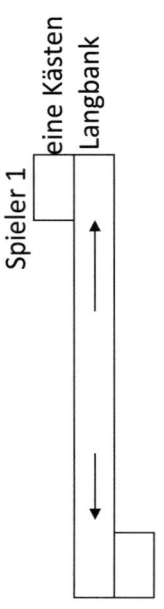

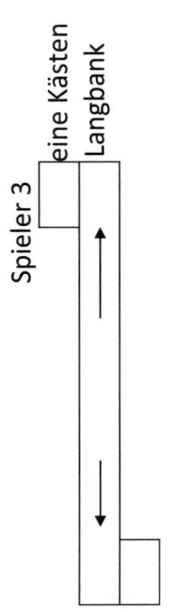

Aufgabe: Die beiden Spieler stellen sich auf die kleinen Kästen und passen sich den Ball auf der Langbank einander zu.

Station 5: Unihockey – Squash

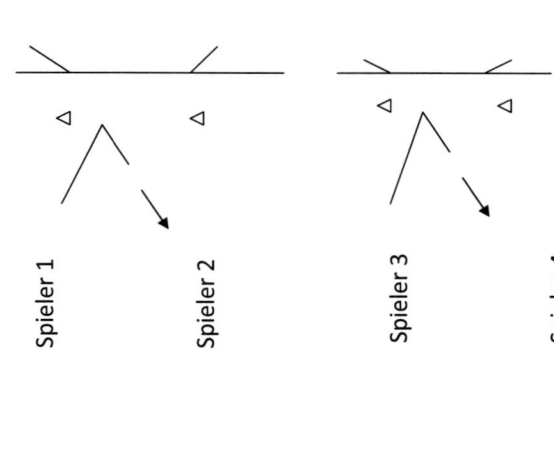

Spieler 1

Spieler 2

Spieler 3

Spieler 4

Aufgabe: Die Spieler sollen sich den Ball mit Hilfe der Bande zuspielen.
Wichtig: Miteinander spielen!